L. BOURGUET

UNE
QUESTION LOCALE

SOUVENIR D'UNE CAMPAGNE ÉLECTORALE

DANS UNE PETITE VILLE SITUÉE PRÈS PARIS

PIÈCES DIVERSES

CHOISIES ET TIRÉES DES MANUSCRITS DE L'AUTEUR

PARIS

IMPRIMERIE FÉLIX MALTESTE ET Cᵉ

22, RUE DES DEUX-PORTES-SAINT-SAUVEUR, 22

1879

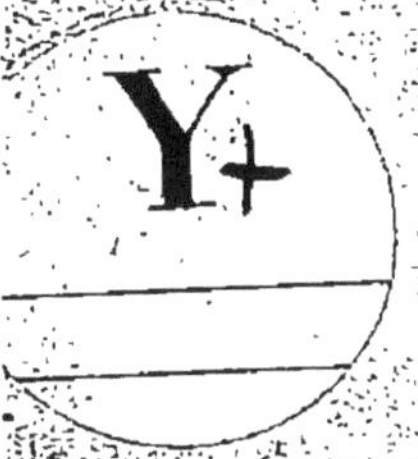

L. BOURGUET

UNE

QUESTION LOCALE

SOUVENIR D'UNE CAMPAGNE ÉLECTORALE

DANS UNE PETITE VILLE SITUÉE PRÈS PARIS

PIÈCES DIVERSES

CHOISIES ET TIRÉES DES MANUSCRITS DE L'AUTEUR

PARIS

IMPRIMERIE FÉLIX MALTESTE ET Cⁱᵉ

22, RUE DES DEUX-PORTES-SAINT-SAUVEUR, 22

1879

La seconde partie de ce travail paraîtra en janvier 1880

PRÉFACE

Amis Lecteurs,

Ces pages n'étaient destinées à voir le jour que le 1er janvier 1880. — Cela n'est pas tout ce que j'ai à vous dire. Mais la lutte devant recommencer aujourd'hui, j'ai pensé que le moment est opportun de vous offrir déjà ceci. — Oui, la lutte recommence, et je ne sais si le *cher homme* a vraiment conscience de ce qu'il a déjà fait et de ce qu'il va faire. Oh ! nous savons tout ce dont il est capable, et nous ne serons jamais surpris de tout ce qu'il tentera pour nous jouer encore quelque tour. — Mais, hélas ! ce sera autant de coups d'épée dans l'eau ! Qu'il le sache, il s'est à jamais fermé la porte des fonctions publiques. Et pourtant il en briguait de si brillantes ! Qu'il en fasse son *mea culpa*, et qu'il ne cherche plus à faire parler de lui; c'est un conseil que nous lui donnons tous.

Donc la lutte recommence; pourquoi et comment? Pour élire deux nouveaux conseillers municipaux en remplacement de deux démissionnaires. Cela va de soi; mais nous ne sommes point dupes de ses menées. Toujours le même système le guide dans ses moindres actes. Il n'a qu'un but: laisser le plus longtemps possible les affaires communales en souffrance, afin d'attirer un blâme sur le conseil. Mais est-il assez naïf pour ne point savoir que ce blâme retomberait sur lui, écrasant comme la foudre, et qu'il briserait à jamais ce qui peut lui rester encore d'ambition? Certes, non! mais il est pétri d'une dose d'orgueil peu ordinaire, et il ne saurait céder ainsi.

Eh bien! soit, qu'il reprenne la lutte autant de fois que cela lui fera plaisir, ce sera le seul moyen de le dévoiler entièrement. Mais, qu'il le sache bien! malgré tous les moyens qu'il emploiera, malgré l'appui des personnages qu'il pourra avoir, rien ne saurait le relever. — Il a reçu le premier soufflet le 9 novembre; aujourd'hui il va recevoir le second. Il s'y attend, nous le savons, mais son orgueil lui dit de ne point reculer.

Qu'il fasse donc parler de lui tant que cela lui semblera bon, nous ne nous y opposons pas; mais nous demandons enfin qu'il cesse d'être à la tête de notre municipalité. — C'en est assez, il a trop compromis nos affaires pour que les électeurs ne comprennent point que sa place est ailleurs. Aussi nous ne sommes nullement inquiets sur le résultat qu'auront les élections d'aujourd'hui. Il avait rêvé de laisser le conseil municipal incomplet, afin qu'il ne pût être procédé à l'élection d'un Maire, tandis que lui, étant tout à la fois Maire, adjoint et conseil, trône sur un fauteuil dont il descendra bientôt, hélas !

Je vous ai dit, amis lecteurs, que ces pages ne devaient paraître qu'en janvier 1880. Cependant, en présence de la lutte nouvelle, j'ai pensé qu'il est de mon devoir de donner ce qui est fait. Ce *Monsieur* en a jugé ainsi, tant mieux pour nous, tant pis pour lui. Vous connaissez ses ficelles ; nous n'avons point à nous inquiéter des menées de sa coterie. Seulement souvenons-nous du 9 novembre, date qui lui fut si fatale. Que les 500 électeurs qui lui ont donné leurs voix ne commettent plus la même faute. Il en est temps ! Oh ! ce n'est point, je le répète, que nous ayons à craindre quelque vengeance éclatante ; mais nos affaires municipales souffrent. Il faut en finir enfin, et nommer un Maire digne des électeurs, ainsi que de la tâche difficile qu'il va d'abord avoir à remplir. Ce magistrat, tacitement élu aujourd'hui, n'entrera pas aux affaires sans poser des conditions au Conseil municipal ; toutes lui seront dictées par l'expérience acquise déjà, par le droit et la loi. — Il veut enfin n'avoir aucune responsabilité. — Nous le remercions à l'avance d'accepter cette nouvelle fonction, et nous avons tout lieu de penser que sous peu nous verrons la municipalité, se sentant libre, marcher dans la voie des progrès où elle était entrée déjà.

Maintenant, amis lecteurs, lisez.

Je vous serre cordialement les mains.

L. Bourguet.

A mon Ami G. P...,

C'est à vous que je dédie ces pages. Mettez de côté toutes les imperfections de forme, dont vous accuserez mon inexpérience, et ne jugez que par le fond.

Pourquoi cette dédicace? direz-vous.

Pour deux motifs : vous êtes pour moi un vieil et jeune ami ! à ce seul titre, vous la méritez ; puis, vous m'avez assez aidé de vos conseils pour que vous participiez un peu au bénéfice moral de ce petit travail.

Que vous dirai-je de plus? bien cher ami, ceci : Notre cause est commune. Nous avons lutté naguère, côte à côte, pour la défendre.

Nous aplatirons et nous écraserons enfin *cet homme;* et le temps n'est pas éloigné de cet écroulement! La farce sera jouée, ou plutôt celui-là le sera.

Vous aussi, vous vous êtes dévoué; car, malgré

vos occupations et vos tribulations personnelles, vous avez accepté un rôle dont vous êtes digne à tous égards, et dont la Municipalité n'aura qu'à se louanger.

Marchez donc, cher ami! marchez, vous et vos collègues, hardiment, et bientôt nos affaires seront remises dans leur assiette. Marchez! S'il est encore, au sein du Conseil, quelques membres gênants, que bientôt ils en disparaissent. Cela ne sera ni long ni difficile à obtenir, car vous avez pour vous le droit et la loi ; car en présence d'une majorité aussi écrasante, que pourra dire et faire cette ridicule et revêche minorité.

J'ai dit, cher ami, et je vous serre cordialement la main.

L. Bourguet.

Ivry, le 7 décembre 1879.

SIMPLE RÉCIT

—

C'était en l'An de Grâce, An de la République,
Le quatre-vingt-huitième, — en Brumaire, ma foi !
De funeste mémoire et de sinistre aloi, —
Que je vis ce qui suit, sans que l'on m'y réplique,
Et, soit dit en passant, je n'en brigue aucun prix.
Une petite ville, auprès du grand Paris,
De ce Paris, flambeau qui brille sur le monde,
D'un éclat sans pareil, et qui toujours l'inonde
Des rayons les plus chauds de son vaste cerveau,
De sa pensée ardente ; — enfin, près du berceau
Où l'univers entier vient lire le problème,
Dont la solution sera : Paix, Liberté,
Travail, Progrès pour tous et Solidarité,
Et pour laquelle il n'est nul besoin de Barême.
Or donc, en cette ville advint que le Conseil,
O Ciel ! perdit son Maire ! à ce coup sans pareil,
Que faire ? Ce Conseil était si gentilhomme,
En sa minorité ! si naïf, si prudhomme !
Que la Majorité, vraiment se trouva coi !
Mais vous dire comment, ainsi que le pourquoi ?
Vous allez le savoir, sans plus de préambule.
Arlequin ou Pierrot, ou plutôt Funambule,
S'étant imaginé d'être Maire une fois,
S'était fait le Sosie et le porte-parole

Du Magistrat susdit, — cela sans parabole, —
Et s'était dit ceci :

       « Moi, je connais les lois !
« Je ne suis cependant avocat ni légiste ;
« Mais je puis, sur l'honneur ! ainsi qu'un publiciste,
« Conduire cette glèbe où bon me semblera.
« Et, que suis-je, après tout ? Tout ce qu'il vous plaira,
« Direz-vous ? Oh ! que non ! Regardez l'auréole
« Qui brille sur ce front ! Je suis Maître d'école !
« Je n'ai pignon sur rue, et vide est mon gousset ;
« Mais j'ai là, — se frappant sur le cœur, en secret, —
« Et là, — frappant ce front bien connu, — de quoi faire !
« Croyez-moi, je puis tout ! Vous êtes notre Maire,
« Moi, j'en suis la doublure ! Et je prétends enfin
« Être écouté de vous, jusqu'à prochaine fin ;
« Et que, sous votre nom, je règne et je gouverne !
« On dit que Vérité, Justice ; — et toutefois,
« S'il en est ici-bas, — sont dans une citerne !
« Cela, pour le vulgaire, est vrai ; mais moi, je crois,
« Je dirai plus, je veux lui prouver le contraire ! »
Après ce beau discours d'un Adjoint à son Maire,
Maître Malin : « A moi la Municipalité,
« A moi tous ces braillards qui, de la Vérité,
« Veulent avoir le mot et l'arroser de larmes,
« Au sortir de son puits ! Attendez, j'ai des armes !
« Je vous bâtonnerai ! J'ai là de jolis crocs !
« Et puis je ferai tant que vous tous, vils escrocs,
« (En parlant du Conseil) vous semblerez des fauves,
« Tandis que je serai, moi, qui règne aux alcôves,
« Tel que le Roi-Soleil, pur et majestueux !
« Rien ne m'égalera sous la voûte des cieux,
« Et je vous materai tous enfin ! Je m'arrête ! »
Sur quoi, le pauvre Maire, avalant cette arête,
Se croyant en présence et près dudit Grand-Roi,

Répondit : « Faites donc, mais évitez l'effroi
  Que votre verve étrange, ô ciel ! et monarchique,
« Pourrait porter d'atteinte à notre République !
« Cela, sans le penser ; — je vous le sous-entends !
« De cafard à cafard on se cache les dents ! —
« Oui, n'allez pas surtout, avec ce bouillant zèle,
« Semer, dans notre sein, une division !
« Oh ! croyez-moi, mon cher, prenez-moi pour modèle ;
« Car, moi, je ne suis point d'aucune faction,
« Et je puis vous aider, ô Maître ! en votre tâche. »
Là-dessus, Sire Adjoint, qui n'est poltron, ni lâche,
Se signa pour la forme, et du chef opina ! ! !
« Je suis Consul, dit-il, enfin je suis Cinna !
« Et vous verrez comment, simple Maître d'école
« Je sais sur mon habit porter la banderole
« Que vous m'offrez, Seigneur, d'un aussi bon aloi ! »
Se signant de nouveau, quoique se sachant roi,
Il partit d'un éclat d'épileptique rire ;
Et dit : « O citoyen, ce n'est rien, je soupire. »
Que vous dirai-je enfin d'un Maire en herbe ? Rien !
C'est un joli farceur, un tant soit peu vaurien !
Enfin, ce Maitre-adjoint, sur la chaise curule,
Sans vergogne, se hisse, et foin du ridicule !
Rien ne l'émeut, oh ! non ! si ce n'est que son cœur
Qui bout et qui frissonne au simple mot ; honneur !
Ne sait plus s'il contient cette vertu virile !
C'est trop dire, sachez, Lecteurs qu'il est habile !
Il ne reculera jamais ! il a son but !
Il veut ! il doit l'atteindre ! il attend ! à l'affût,
Sans cesse, du gibier qu'il convoite et relance,
Tout à la fois chasseur et limier, il s'avance,
Très-prudemment pourtant, sur le lieu du combat.
Il sonde le terrain qui, lui paraissant plat,
Lui semble tout à coup hérissé de montagnes.

Mais, se dit-il enfin : « Repassons nos campagnes. »
Il se frappe le front, il descend en son cœur;
Mais il n'y trouve guère, ô malheureux chasseur !
Qu'un brin de vanité qui toujours le chatouille;
Et c'est là tout, hélas ! Puis il revient bredouille !
Le pauvre homme ! Est-ce là ! Pensez-vous, ô Lecteurs !
Oh ! ne le plaignez pas ! ne laissez pas vos pleurs.
Plus longtemps se répandre et couler sur ce drôle !
Il est sur une scène. — Il y remplit son rôle !
Voilà tout !... Tout ? hélas !... que j'en aurais encor,
A vous dire, Lecteurs ! Mais il donne du cor !
Là-bas ! là-bas ! bien loin ! Puis enfin (car j'y songe),
A vos yeux tout ceci pourrait être mensonge !

. . . .

Alors je me ravise ! Hélas ! le croiriez-vous ?
Un démon me lutine; il est à mes genoux !
Je ne puis résister, tant elle !... (Oh ! c'est ma Muse
Qui parle, croyez bien, qui sourit, qui s'amuse
A me voir si troublé). . . . .
                  Cependant je n'ai pas
Dit tout encor ! Qui va me sauver de ce pas ?....
Toi, Démon ?... Soit alors ! Lutin, tu continues !
Eh ! bien oui ! je t'écoute ! Et les regardes aux nues,
J'entend ceci : Quoi ?... Rien ! Non rien; car je suis fou !

. . . .

. . . .

Si cependant, Lecteurs, je vous casse le cou,
Ma foi, tant pis pour vous ! J'ai tant ce diable d'homme
En tête qu'il pourrait me la tourner, en somme.
Alors ! pour vous j'ai dit !. . . . .
                  Qu'entends je ! Son physique ?
Oui ! j'allais l'oublier ! — Pour lui faire la nique,
Je vais en quelques mots tout vous le dévoiler !
Devant vous, sauf erreur, je vais le déplumer !...

Sa taille ?... Quelque chose égale à la moyenne ;
Port ?... très-majestueux... Et, qu'il vous en souvienne,
Tête chauve !!! mais bas ; j'entends ce mot : *sourit*
Me frapper le tympan ! Et le farceur me dit :
« Oh ! ce n'est point *souris*, non plus, mais calvitie
« Qu'il faut dire à ce monde ; ou bien d'apoplexie
« Vous me ferez tomber !... Alors je ne saurais
« Dans ma sainte colère où je te tapperais. »
Ah diable ! attention !... Mais bast !... Quant à son rire,
Ce rictus que Voltaire aurait, pour un empire,
Non donné, mais craché !... Ce rire enfin n'a rien,
Dis-je, qui nous rappelle, amis Lecteurs, le sien.
Il est pourtant moqueur ; mais cela quand il louche,
C'est-à-dire en dessous !... Alors, voyez sa bouche ;
Vous verrez si je suis dans le faux ou le vrai,
Et si, tout au total, j'ai bien pris ce portrait.....
Sa barbe ?... Ah ! cette barbe ! Elle est, je pense, noire,
Pas encor chinchilla ? Non !... pouvez-vous le croire ?
Eh ! bien ! je continue. Elle est noire, et, pourtant,
Soyeuse, direz-vous ?... Cela se sous-entend !...
Quelqu'un autre que moi pourrait beaucoup en dire,
Mais je me noie enfin ; — car je pense au sourire
Qu'ils vont pousser là-bas !... Je m'arrête, j'ai peur !
Sa barbe donc est noire et longue, sur l'honneur !...
Et je prétends ici qu'elle est belle ! O ma Muse !
Inspire-moi ! j'ai peur !... Assez ! je vous amuse,
Je le crains ! Elle est longue, et, de ses jolis doigts,
Le fat ! il la caresse ; et d'ici je le vois,
Il la caresse ainsi..... Mais vous savez le reste,
Et vous savez combien il est grave en ce geste.
J'ai parlé de ses doigts ; pas encor de sa main.
Oh ! femmes !... c'est alors !... ah ! pauvre esprit humain !
J'allais déraisonner : — je n'en sais plus la cause.
Assez sur cette main ; et parlons d'autre chose.....

Son pied?... Si j'étais femme, oh ! je l'aurais bien vu ;
Mais de barbe, sachez, je ne suis dépourvu.....
Son front ?... Celui d'un chauve, avec la différence
Que celui-ci renferme au moins une espérance !
Qu'ai-je oublié ?... Ceci, qu'en somme il est malin,
Non! pas cela! j'entends un mot plus doux : *Calin*.
Et, si vous le voulez, mangeons cette tartine
Sans qu'il nous voie... Hélas ! une rude tontine
M'attend, et vous aussi, que j'en ai le frisson !
Mais il dira bien bas : « Ce n'est qu'un polisson !... »
— Assez sur ce portrait, je deviens ridicule !
J'ai dit plus haut, je crois : Jamais il ne recule !
C'est vrai, vous connaissez, à sa façon d'agir,
Que, dût-il nous entendre, et, de rage rugir,
Il ne dévorerait rien avec sa mâchoire !...
Là-dessus je m'arrête ; et, je le dis sans gloire,
Je l'ai bien mérité !... Mais vous ?... Pas mal aussi !
Je ne dirai point non ! mais bien franchement *Si !*
Lecteurs, causons alors de nos propres affaires.
Il y mettra son nez ? A de tels locataires,
Je n'y vais pas, sachez, par trente-six chemins.
De la tête et des pieds, des lèvres et des mains
Devinez?... Moi je mords ! Et c'est ce qu'il mérite.
Vous penserez enfin : quelque chose l'irrite ?...
Ce quelque chose est tout ; car c'est sa vanité !
Nous sommes libres tous, vivons en liberté !
Après ?... Et les vassaux !... Envoyons-les au diable !
Hélas ! qu'ai-je donc dit ?... J'entends ce mot : Canaille !
J'écoute, Amis Lecteurs !... Bientôt vous entendrez,
Vous ! Attention ! donc !... Et vous en jugerez !
C'est bien ; vous savez tout ! s'entend sur cette forme
Osseuse tant soit peu, mais d'autre part énorme !
Maintenant je vous cause, et suis à vous, Lecteurs.
Ce *Monsieur*, vous savez ? qui me tire des pleurs,

Ainsi qu'à vous, hélas !... que tout le monde admire,
Avait l'intention — non, je ne veux point rire,
— De tout paralyser et de nuire aux effets
D'arrêtés pris au sein du Conseil !... Quels bienfaits
Quoi qu'il en dise, hélas ! a-t-il laissés, en somme ?
Tous ceux dont notre ville est dotée ! Et quel homme !
A lui seul, il était Maire, Adjoint et Conseil.
Il a tout fait, tout dit, tout prévu ! Son sommeil,
Hélas ! n'était troublé que par les plus doux rêves
De laisser après lui, — non de brillants élèves, —
Mais un nom révéré qui le hissât..... jusqu'où ?
Il a tant fait, ô Ciel ! qu'il s'est cassé le cou !...
Je ne puis résister au désir qui me pousse
De rappeler ici — (qu'il s'en morde le pouce) —
Que, pour tant de bienfaits, et pour qu'il s'en souvienne,
Ainsi que nous de lui, plus tard, — quoiqu'il advienne, —
De lui faire, séant, frapper une médaille.
Eh ! bien ! qu'en pensez-vous, Lecteurs, de la canaille ?
Qui, devant nous, viendra dire cyniquement :
« Il la mérite, et tous, bien unanimement
« Nous devons lui voter cette chère relique. »
Mais j'anticipe trop, trop aussi je m'applique
A célébrer ici ce beau caméléon.
O Ciel ! qu'allais-je dire ?... Eh ! rien ! Grand Dieu ! pardon !
Pourtant il a tout fait ; et, — qu'il vous en souvienne, —
N'est-ce pas lui toujours, — entre autre julienne, —
Qui nous servit ce mets ? Oh ! bonheur infini !
Qui nous gratifia, — répondrait Germini, —
De ces beaux monuments ? Vous savez ?... je m'arrête !
Car les mœurs avant tout !.. Puis, par trop je respecte
Ce bienfait pour en rire et le discréditer.
Mais il fut et fit tout ! Que pourrais-je citer
De plus, Amis Lecteurs, des faits de ce grand homme ?
Si vous voulez, plus tard, j'en donnerai la somme.

Eh bien ! le croiriez-vous ? j'ai mon idée, à moi ;
Car j'ai le cœur si tendre et facile à l'émoi !
Que, rien que pour ce fait, cette chère colonne,
Qu'il nous fit ériger, je veux qu'une couronne
Lui soit votée, et puis que sous le poids, hélas !
De ce joyau, de rage il crève, en disant bas :
« Je fus tout, je fis tout ; mais on ne saura dire
« Que je prête la main à cet infâme Empire ! »
Il fut tout ! il fit tout ! — mais son plus grand talent
Fut de laisser toujours à leur état latent
Les plus simples progrès qu'attendait notre ville.
La population, du reste, en est si vile
Qu'il ne doit rien céder à la majorité
D'un Conseil radical !.... La Municipalité !
C'est lui, c'est toujours lui. La plus petite affaire
Ainsi que la plus grosse atteint sa vanité.
Car il est vaniteux ; soit dit, en vérité !...
Ce Monsieur, donc un jour, peut-être un jour de grippe,
Prit son collègue adjoint en une telle grippe,
Qu'il ne sut rien de mieux que de faire un pamphlet, —
Oh ! non, sauce saumon ! non ! ni sauce filet,
Même ! — mais en un beurre, hélas ! si noir, si noir !
Que la langue et les yeux ; — mais bien sans le vouloir,
Hélas ! se soulevaient et recrachaient à terre
Cet excrément sorti d'une bouche si chère !
Quel courage, ô Lecteurs !!! Pour lors, un de ces jours
Néfastes entre tous, sans écrire un discours,
Ni même, ô Ciel ! ni même une chaste homélie,
Maître Malin, voulut par une comédie
Prouver qu'il sait aussi, dans ce genre, parfois
Graviter — Et, dût-il bouleverser les lois.
De ce beau firmament, que rien plus ne l'arrête !
Lors, se battant les flancs, se donnant de la tête
A tous les rudiments d'un genre si nouveau,

l fit en une nuit ce tout petit morceau.....
ais, faut-il l'avouer ? je n'ai point le courage
e vous le réciter. Il pesterait de rage,
J le sais ; mais enfin, c'en est assez, je crois ;
C chef-d'œuvre aussi bien l'a mis sur cette croix,
La vindicte publique ! Eh bien ! qu'il en descende !
S'il pense qu'à l'égal d'un Messie on l'attende,
Il y peut bien rester ! Ce ne sera point moi
Ni vous, Lecteurs, qui n'avez point sa foi,
Qui l'iront détacher. — Soit, alors ! qu'il y reste !
Mais je suis sur les dents pour vous dire le reste...
Pourtant je continue, et vais en quelques mots
Vous dévoiler comment ont fini tous ses maux.
— Or donc, il s'agissait d'élire un nouveau Maire, —
Mais comment avaler cette pilule amère ?
Car il fallait remplir les vides du Conseil !
Rien pourtant ne le trouble, il dort d'un doux sommeil,
Se disant : « Après tout, ce n'est la mer à boire,
« Et je saurai fort bien, si vous voulez m'en croire,
« Bâillonner ces braillards de la Majorité. »
Après ce beau discours à la Minorité,
Il prépare ses plans, dresse ses batteries ;
Et foin des radicaux ! et foin des coteries !
Sans rien dire, il prépare un petit comité,
Tout prêt à le servir. — Mais, ô fatalité !
Le croirez-vous encore ? Oui, vous connaissez l'homme
A ce qu'il dit et fit, et peut tenter, en somme !
Il invite chez lui trois personnes au plus,
Des intimes, ceux-là, des purs, des vrai élus !
Quant tout à coup, ô Ciel ! un groupe formidable
Envahit le salon : — O mystère insondable !
Le farceur !... il prétend qu'il n'a rien dit, ni fait,
Pour avoir mérité des cieux un tel bienfait ;
Le pauvre homme ! il proteste, et de son innocence

Et du bonheur pourtant d'avoir une séance,
Non à trois ! Blagueur, va ! mais à soixante ! Eh bien !
Franchement il accepte, en disant : « C'est un bien ! »
Mais bref ! il se soumet ; il se signe et soupire,
Et d'un ton magistral, plein de son doux sourire,
Il ouvre la séance, et dit : « C'est le moment !
« Citoyens, garde à vous ! » Mais je ne sais vraiment
Ce qu'entendit de plus son illustre auditoire. —
Mais je puis affirmer, et le fait est notoire,
Ciel ! qu'il sortit du sein de ce catimini
Quelque chose d'informe (ou mieux d'indéfini),
Qu'on décora du nom !... — Parle, toi, cheminée,
Sous le manteau de qui l'affaire fut menée !
Du nom ronflant, du nom pompeux de *Comité !*
Mais, Lecteurs, vous voulez savoir la vérité !
Oh ! je vais vous la dire et vous la servir nue.
Donc, en cette séance incognito tenue,
Un Comité surgit. Il est Républicain !
Car il sort, tout bouillant, des forges de Vulcain !
Sa composition ! sans doute, allez-vous dire !...
Combien sont-ils enfin ?... Mais n'allez pas trop rire !
Tous choisis au bon coin, pas du quai !... Je m'entends !
Mais ô Réaction ! dis-le moi ! je t'attends !!!...
Quant au nombre connu de ces bouillants sectaires,
Tous serviteurs zélés, confidents, tributaires
D'un maître qui tempête et les met sur les dents,
Il se réduit, hélas ! sans escompte en dedans,
A ce chiffre imposant, unique dans le monde,
Un !!! Stupéfaction générale et profonde !! —
Un Comité d'un Membre ! et quel est ce Phénix ?
Quand même fût-il ange, ou sortît-il du Styx,
Ce Membre phénomène est dépeint dans ces lignes.
O Muse ! inspire-moi ! Laissons là les indignes,
Et causons ; ou, plutôt, trace-nous ce portrait !

Muse donc, je t'évoque, et parle sans secret !
Elle parle ; écoutez :

                « Ce Membre phénomène,
« Ce Phénix, attendez ! oui cet énergumène
« N'est, tout bonacement, qu'un pauvre maraîcher
« Qui s'écoute parler et qui s'entend marcher.
« Au physique, je dois le dire sans mystère,
« C'est un être assez nul, et, je ne puis le taire,
« A moi, femme, il ne m'a jamais donné dans l'œil !
« Et pourtant, je l'avoue, à ses yeux d'écureuil
« Chez lui je reconnais encor quelque finesse. —
« Son sourire éternel, éternelle caresse,
« N'a rien qui puisse aussi vous causer de l'émoi ;
« Il est étudié depuis l'enfance ; et moi
« J'ajouterai : Voyez, voyez de près ses dents !
« Voyez ! il ne mord point ! il grimace en dedans !
« Sa face en général se sent de la vipère ;
« Son port, qu'il tient, sans doute ou de mère ou de père,
« N'a rien d'harmonieux, rien qui puisse arrêter !
« Sa parole est flûtée ; il aime l'écouter !
« Mais ce qu'il dit, ô Ciel ! j'en ai le répertoire.
« Des choses ! vous savez, que, seule, la mémoire
« Ne saurait conserver, sans se souiller, hélas !
« Donc, il calcule tout : son sourire et ses pas ;
« Cela comme chez lui ; croyez-le, sans science. —
« Quant au moral, vraiment, je crois sa conscience
« Élastique et légère. — Et je vais m'arrêter.
« Cher poëte, à ton tour ; si tu peux ajouter
« Quelque chose de plus à ce portrait fidèle,
« Parle sans hésiter. »

                Et je n'eus plus rien d'elle.
A ce portrait d'un maître et qui te fait honneur,,
O Muse ! qu'oserai-je ajouter ? — Mais son cœur ?...
Tu n'en as point parlé. Me faire de la peine !,..

Oh! crois-le bien, le mien n'a jamais eu de haine. —
Donc son cœur est léger, si léger qu'à l'œil nu
On ne saurait le voir; — je passe, — il est connu.
Ce Membre Comité veut à lui seul tout faire; —
Cela ne nous regarde et n'est point notre affaire.
Que fit-il? Pour répondre au tas de radicaux
Qui venaient de parler, des moyens radicaux
Lui semblent, le pauvre homme! autrement nécessaires
Qu'un tas de beaux diseurs, *acclimatés sous serres.*
Une réunion, méditée entre tous,
Fut à l'ordre du jour. Ciel! elle était pour *nous.*
Je l'avoue, ô Lecteurs, j'en eus la chair de poule ;
Mais, dût-il m'en pousser une légère ampoule,
Je me dis que j'irai. — Donc, sans rougir, j'y fus.

A VICTOR HUGO

Après avoir lu : *Ce que c'est que l'exil.*

J'ai gravi les sommets, poëte, du Calvaire,
Où, proscrit, tu bravas vingt ans la royauté.
J'ai franchi les hauteurs de ce roc solitaire,
D'où ta puissante voix chanta la Liberté.

Je t'ai vu, de l'exil, menant la vie austère,
— Sans que ton front perdît de sa sérénité, —
Remplir avec amour ton sacré ministère,
O Pontife du Droit et de la Vérité!

Car la haine et l'envie, ô Génie, ô Prophète !
Qui n'ont jamais cessé de s'attacher à toi,
Ne sauraient ébranler ni refroidir ta foi !

Car l'écume qui crache au rocher la tempête
N'y gagne rien, pas plus que le granit n'y perd,
Pas plus que l'ouragan soufflant sur le désert.

Chantre de l'avenir, ô Prophète, ô Génie !
Ton œuvre s'accomplit et ne périra pas.
En dépit de la haine et de la calomnie,
Maître, vers le Progrès tu diriges nos pas.

En vain les oppresseurs, en vain la tyrannie
Ont voulu s'abriter des coups que tu frappas.
— La royauté proscrit, le prêtre excommunie ;
Ils ne relèveront point ce que tu sapas. —

Va, rien ne ternira ton éclatante gloire.
Météore, ton nom brillera dans l'histoire,
Il ira, radieux, à la Postérité.

Va ! nous écoutons tous ta parole féconde
Qui charme, qui console et qui prédit au monde
L'ère de la Justice et de la Liberté !

Réponse de Victor Hugo à l'envoi de ces vers

J'applaudis les beaux vers ; je remercie le noble esprit.

V. H.

OUI, NOUS SOMMES LE PEUPLE!

—

Oui, nous sommes le Peuple, et vous êtes les rois!
Vous n'êtes pas pétris, princes, de notre essence!
Vous marchez! nous rampons! Et, de par la naissance,
Vous êtes maîtres, vous! Vous avez tous les droits!

Vous avez le pouvoir; et vous faites les lois.
A vous de commander; à nous l'obéissance!
A nous les pleurs! A vous les ris! Votre puissance,
A notre abaissement, mesure ses exploits.

Nous sommes tout cela! Vous, tout ceci!!!... Victoire!
Rien ne peut obscurcir l'éclat de votre gloire!
A vous seuls la Lumière! A nous l'Obscurité!

Mais, princes, vous comptez sans l'orage qui gronde
A l'horizon, et sans cette clameur profonde
Du peuple qui se lève en criant : Liberté!

PAIX, TRAVAIL ET PROGRÈS.

—

A MON AMI PRÉCY.

Paix, Travail et Progrès, c'est vers vous que le monde
Se tourne avec espoir et marche avec amour!
Et c'est sous votre égide, en liberté, féconde,

Que les peuples viendront s'abriter tour à tour.
Vos bienfaits feront naître, avec les jours prospères,
L'amour des Nations et leur fraternité, —
Sublime effacement des haines et des guerres
       Qui désolent l'humanité.

Plus de guerres! Non! Non! O Nations, la France,
Votre Sœur, vous le dit : plus de haine entre vous!
Car ce n'est point aller vers votre délivrance,
Que d'avoir toujours l'âme et le cœur en courroux.
Peuples, le sang versé sur un champ de bataille
Ne peut laisser en vous qu'un éternel remords ;
Et vous devez entendre, à travers les mitrailles,
— Vivants, — vous, maudire les morts!

Plus de combats! La loi, c'est le travail ! La terre
Recèle des trésors qu'il lui faut arracher ;
La Nature n'a pas dit son dernier mystère,
Et le Progrès n'a pas, lui, cessé de marcher.
La bataille, la seule, entre toutes, sublime,
C'est celle que se font l'industrie et les arts!
Là, toutes les vertus luttant contre le crime,
       En sapent les derniers remparts.

O Peuples, tendons-nous une main fraternelle!
Laissons les rois, entr'eux, trancher leurs différends !
Que la paix nous abrite, à jamais sous son aile,
Et nous fasse oublier le règne des tyrans !
La Paix! O Nations! non ce n'est point un rêve!
Mais il faut que le Droit prime la Force enfin !
Et des vieux préjugés qui l'assiégent sans trève
       Il faut purger l'esprit humain.

LE PROGRÈS.

La lumière se fait. — L'esprit humain s'élève. —
Ce qui semble, aujourd'hui, n'être encore qu'un rêve,
Demain aura fait place à la Réalité.
Au fond de l'horizon qui grandit et s'épure,
On voit un point vermeil franchir la brume obscure,
Et s'approcher de nous avec sérénité.

La lumière se fait. Le Progrès se dévoile :
Chaque jour il déchire un pan du sombre voile
Qui le tenait dans l'ombre et dans l'obscurité.
Astre majestueux, il plane sur le monde ;
Il l'éclaire, il l'échauffe, et, dans son sein, féconde
Le germe de la Paix et de la Liberté !

Calme, fort et puissant, un noble instinct le mène ;
Impalpable, il jaillit de la pensée humaine,
Comme l'éclair, du front de la Divinité,
Il règne en conquérant sur la Nature entière ;
Il commande à l'Idée, il régit la matière
Qu'il anime aux rayons de sa vive clarté.

Il surgit de partout, partout il se révèle,
Accomplissant son œuvre immense et solennelle,
Œuvre de foi, d'amour et de rédemption.
A son approche, tout renaît et se réveille,
Chaque jour la pensée enfante une merveille
Et dévoile un secret à la Création.

Le voici ! Regardez ! Il grandit, il s'avance !
Comme un torrent fougueux, il déborde, il s'élance !
Quoi que l'on fasse, rien ne peut le retenir !
Il passe et devant lui s'abaissent les barrières ;
Devant lui, tour à tour, s'écroulent les frontières
Du vieux monde qui semble enfin se rajeunir.
Il traverse, il franchit les siècles, d'âge en âge,

Armé d'un soc d'airain, traçant, sur son passage,
Le fécondant sillon des moissons à venir.
Son souffle tout-puissant, ardent et salutaire,
Dissipe chaque jour les ombres de la terre,
Et dévoile à nos yeux un splendide avenir.

Des révolutions, détournant les tempêtes,
Il éclaire la voie aux fécondes conquêtes
Des sciences, des arts et du génie humain.
Et les peuples enfin, guidés par sa lumière,
Un jour, se ralliant à la même bannière,
Unis, se comprendront et se tendront la main.

AURORE.

—

Pacte des Nations, au sortir de l'abîme !
O du monde et des cieux hymen sacré, sublime !
      Avenir ! Avenir !
O douce vision, immense apothéose,
Où, devant Dieu, l'on voit pour défendre leur cause,
      Tous les peuples s'unir !

O temps futurs ! L'Idée insondable et féconde,
Astre resplendissant, illumine le monde
        De sa vive clarté,
La Vérité surgit, calme, pure et sereine !
Et la Paix, comme aux cieux, sur terre est souveraine,
        Et règne en liberté !

O Lumière céleste ! O Paix universelle !
O toi qui n'es encore, aujourd'hui, qu'étincelle
        Et que rayonnement !
Demain tu brilleras, Concorde, ô blanche étoile,
Grande comme un soleil, radieuse et sans voile,
        Superbe au firmament,

Messagère des cieux, colombe aux blanches ailes,
Bientôt tu descendras des voûtes éternelles,
        Pleine de majesté !
Des peuples, rapprochés par la même croyance
Ah ! tu viendras enfin consacrer l'alliance
        Et la fraternité !

Ces temps ne seront plus, d'effroyables tempêtes,
De révolutions, de combats, de conquêtes,
        Et de sanglants exploits !
Ces temps ne seront plus de honte et d'esclavage,
Où le droit du plus fort, se disant le plus sage,
        Seul imposait ses lois.

Ces temps ne seront plus !... Les nations entières
N'ayant plus de tyrans, n'auront plus de frontières,
        De chaînes ni de fers !
Ayant enfin vaincu l'erreur et l'ignorance,
Les peuples oublîront, dans cette délivrance,
        Les maux qu'ils ont soufferts !

EXPIATION.

Tremblez, ô Potentats ! tremblez pour votre trône !
Tremblez pour votre sceptre et pour votre couronne,
Votre toute-puissance et vos prospérités !
L'Histoire, en dévoilant vos forfaits et vos crimes,
Sombres tyrans, repus du sang de vos victimes,
A mis à nu l'amas de vos iniquités !

Oui, sachez-le, l'Histoire, inflexible, implacable,
Dévoile sans pitié le crime et le coupable,
Et les flétrit aux yeux de la postérité !
Ce monument des temps, ce livre impérissable,
Est la source, en leçons féconde, intarissable,
Où vient, dans tous les temps, puiser l'humanité.

Vous aviez des palais, des archers et des gardes,
Des suisses, des valets, des hérauts et des bardes,
Aveugles instruments, rois, de vos passions.
Vous aviez sénateurs, ministres, connétables,
Chambellans, chanceliers, complaisants détestable
Serviles courtisans de vos ambitions.

Les pleuples, à genoux. adoraient vos hautesses,
Et répandaient aux pieds, princes, de vos altesses
Les plus rares trésor du splendide univers ;
Les peuples étaient l'ombre, et vous étiez les astres,
Vous étiez la coupole, ils étaient les pilastres ;
Vous étiez libres, vous !... ils étaient dans les fers !

Derrière vos splendeurs, vous étiez indomptables ;
Vous étiez tout-puissants, vous étiez redoutables ;
Vos caprices étaient des ordres et des lois.
Vos serments monstrueux, vos parjures infâmes
Vous livraient tous les cœurs et vous ouvraient les âmes,
Temples où s'exaltaient les plus honteux exploits.

Mais les peuples sont las, las de ramper dans l'ombre,
Accablés sous le poids de vos forfaits sans nombre,
Abîmés dans la fange et dans l'abjection ;
Las de baiser vos mains que leur sang a rougies,
De payer le tribut honteux de vos orgies,
Et d'encenser l'autel de la corruption.

Ils sont las de servir de pâture à vos vices ;
Las de subir le joug sans frein de vos caprices,
D'en être les jouets et l'assouvissement,
De traîner le boulet, d'être chargés de chaînes,
D'être vos instruments de vengeances, de haines,
De rouler dans l'opprobre et l'avilissement.

Il est temps d'expier, rois, — l'heure est solennelle. —
Votre existence impie, impure et criminelle,
L'amas prodigieux de vos iniquités.
Il est temps de répondre à ce juge, l'Histoire,
Et d'abdiquer enfin votre hautaine gloire,
Votre toute-puissance et vos prospérités.

Le Progrès est sorti, glorieux, des abîmes,
Où vous l'aviez plongé par l'amas de vos crimes ;
— Son front puissant et fort a brisé son tombeau. —
Il a rompu ses fers, il a brisé la chaîne
Que vous aviez forgée au feu de votre haine ;
— Déjà le monde entier s'éclaire à son flambeau. —

Un orage, gonflé d'effroyables tempêtes.
S'est formé, formidable, au-dessus de vos têtes ;
Chaque heure qui s'écoule en accroît la fureur.
Ecoutez ! dans les airs, une haine profonde
Ainsi qu'un ouragan, roule, mugit et gronde.
— Des peuples asservis, rois, c'est le cri vengeur. —

Un volcan, sous vos pieds, entr'ouvre son cratère,
Et bientôt cet abîme, ô princes de la terre,
Engloutira la pourpre et ses prospérités...
Et puis ce monstre enfin, en vomissant ses laves,
Dans ce gouffre, l'oubli, vomira vos épaves,
Débris de tant de honte et de perversité.

Et vous, dignes suppôts de la Rome papale,
Hommes noirs, violets, rouges, gent cléricale,
Emules d'Escobar, frères des Borgias !
Vous qui portez au front la tiare et la couronne,
Et qui nous dominez de l'autel et du trône !
Vous, les heureux ! et nous les gueux, les parias !

Tartufes, qui prêchez l'humilité chrétienne,
Et qui vivez au sein de la pompe païenne,
Revêtus de la pourpre et tous chamarrés d'or !
Ah ! vous qui nous parlez de charité, d'aumône,
Vous à qui l'indigent, comme le riche, donne,
Et qui de nos sueurs enflez votre trésor !

Vous qui venez au nom d'un Dieu tout de clémence,
Nous prêcher le pardon et l'oubli de l'offense,
Tandis que vous couvez la haine au fond du cœur !
Ah ! vous enfin, maudits, fourbes, ô race immonde,
Qui crachez le mensonge à la face du monde,
Sans qu'au front ne vous monte, ô Judas, la rougeur !

Prêtres, c'est bien !... Planez du haut de votre chaire !
Prêchez vigile et jeûne, et faites bonne chère !
Enseignez-nous ce que vous ne pratiquez pas !
Puisez à pleines mains dans la bourse publique....
Trafiquez dans le Temple, ouvrez votre boutique...
Vous avez le secret de tendre les appâts... —

La foule vous contemple et vous écoute, Oracles !
Allez, prophétisez et faites des miracles,
Inspirez la terreur des flammes de l'enfer !
Pervertissez les cœurs et flétrissez les âmes ;
Tartufes, engendrez des traîtres, des infâmes,
Vendant leur conscience immonde à Lucifer !

. . . .

Mais vous avez assez, prêtres, régné sur terre,
Assez couvert nos yeux du voile du mystère,
Assez plongé l'espèce humaine dans l'erreur.
Le sceptre assez longtemps dans vos mains sacriléges
A pesé sur le monde, et tous vos sortiléges,
Jongleurs, ne sauraient plus inspirer de terreur.

Ah ! vous avez pu, certe, ô race de vipères,
Dans vos antres hideux, fauves, dans vos repaires,
Traîner et garrotter l'auguste vérité.
Vous avez cru, rongés d'une haine insensée,
Contre tous les progrès de la libre pensée,
A jamais, dans la nuit, plonger l'humanité.

Mais l'Idée en travail, dans l'ombre, se féconde
Et, quoi que vous fassiez, illumine le monde ; —
Et la vérité luit, elle fait son chemin.
Sa flamme n'a jamais pâli dans les ténèbres ;

Elle a surgi du sein de vos bûchers funèbres,
Où s'est comme épuré le vaste esprit humain.

Sachez-le donc, enfin, aujourd'hui, race altière,
Le Progrès a partout répandu sa lumière
Et sa puissante voix aux peuples a parlé.
— Lorsque l'esprit humain se recueille et sommeille,
La Pensée, elle, va, grandit, enfante et veille,
Car ce rayon des cieux jamais ne s'est voilé.

Arrière donc, suppôts du vieux tyran de Rome,
— Que ce soit Pie ou bien Borgia qu'il se nomme ; —
Votre règne s'achève avec celui des rois.
La Némésis enfin, implacable, se dresse,
Le glaive en main, terrible et mâle vengeresse,
Sapant trônes, palais, autels, sceptres et croix !

Oui, c'est elle ! Tremblez ! Redoutez sa colère !
Elle s'est éveillée au souffle populaire !
Déjà son bras puissant s'appesantit sur vous.
Sa voix retentissante est celle du tonnerre ;
Son glaive flamboyant, comme la foudre, éclaire,
Et frappe sans pitié, sans mesurer ses coups !

VICTOR HUGO

a répondu à l'envoi de ces vers par la lettre qui suit :

« J'applaudis, mon cher Concitoyen, à vos sentiments
« élevés, si éloquemment exprimés. Je ne suis pas le public,
« et je ne puis donner le succès ; mais je suis un peu écri-
« vain, et je puis affirmer le talent. C'est pourquoi je vous
« dis *Courage!* et je vous serre la main.

VICTOR HUGO.

A LA VILLE DE TOULOUSE.

LES INONDATIONS DE 1875.

—

C'est la nuit. Tout repose. Au milieu des ténèbres
On entend, s'approchant, les roulements funèbres
Des flots que le torrent soulève avec fureur.
Des sanglots étouffés, des cris fauves et sombres,
Des hurlements sortis de l'épaisseur des ombres,
Jettent partout l'émoi, le trouble et la terreur.

C'est l'eau, c'est l'eau qui monte, et le monstre, en aveugle,
Écumant, furieux, roule, mugit et beugle
En étreignant les murs de l'antique cité.
Il enveloppe tout dans ses replis d'écume,
Il broie, il engloutit, il rejette, il exhume
Tout, tout ce qui résiste à sa férocité.

Et l'homme lutte en vain; — le monstre a l'avantage, —
De foyers en foyers, et d'étage en étage
Les eaux montent toujours, et, poursuivant ses pas,
Le torrent, sans choisir, emporte sa victime,
La suspend, la balance au-dessus de l'abîme,
Et dans l'antre la plonge avec un sourd fracas.

Rien, rien n'est épargné dans cet affreux ravage;
Ici c'est un hameau, là c'est tout un village
Que le courant emporte et roule sur les flots.
Tout se heurte, se rompt, se confond, s'entremêle,
Tout s'effondre et s'abîme, entraîné, pêle-mêle
Dans le gouffre béant par la fureur des eaux.

Au milieu du fracas des maisons qui s'écroulent,
D'arbres déracicés et d'épaves qui roulent,
De longs cris de détresse, hélas ! fendent les airs.
Hommes, femmes, enfants, surpris par la tourmente,
Luttent éperdûment contre l'onde écumante
Que semblent, de leur sein, soulever les enfers.

De l'eau, de l'eau partout ! Où fuir ? ô transe horrible !
Tous les cœurs sont gonflés d'une angoisse terrible.
Et le fleuve en courroux enfle et monte toujours.
De tous côtés la mort lutte avec l'existence :
Les naufragés, hélas ! à bout de résistance,
Affolés, l'œil hagard, cherchent un vain secours.

Le fléau fait son œuvre. Il s'étend, formidable,
Pêle-mêle entraînant, en sa ceurse effroyable,
Au milieu des débris, les vivants et les morts.
Rien ne peut apaiser sa furieuse rage ;
Le monstre, en rugissant, partout s'ouvre un passage,
Se jouant sans pitié des plus nobles efforts.

Partout les dévoûments héroïques, sublimes,
Pour arracher, hélas ! au fléau ses victimes,
Contre les flots ligués luttent avec espoir.
Là, quels que soient les rangs, tout le monde partage,
Avec tous ses périls, l'œuvre du sauvetage,
Et chacun accomplit, à l'envi, son devoir.

Que de drames affreux, que de choses horribles !
Que d'angoisses, d'efforts, que de luttes terribles !
Que de héros surtout sont restés inconnus !
Ah ! que d'infortunés sans pain et sans asile,
Sur les lieux du désastre errent en longue file,
Pleurant, désespérés, tous ceux qui ne sont plus !

Mais sois bénie, ô chère et généreuse France !
Toi que jamais en vain n'implore la souffrance,
Et qui réponds au cri de toutes les douleurs !
Oui, sois bénie, ô toi dont les élans sublimes,
En réparant le mal, soulagent les victimes
Qu'accablent sans pitié les plus affreux malheurs !

L'ALOUETTE.

Si l'alouette égaie, en chantant, la prairie,
Si sa douce chanson annonce le matin,
C'est que nul n'a troublé sa liberté chérie,
C'est qu'elle ouvre son aile au gré de son destin.

Mais lorsque je l'entends, l'âme en pleurs, je m'écrie :
« Pourquoi l'homme ici-bas marche-t-il incertain ?
« Pourquoi tant de mensonge et tant de duperie ?
« Pour en arriver tous au même but, enfin ?

Il faut un libre essor au penseur, au poëte,
Pour que leurs voix, ainsi que la tienne, alouette,
Annoncent le réveil de la Fraternité !

Il leur faut l'horizon bleu de la République,
Pour soutenir la lutte ardente et pacifique
Qui doit régénérer toute l'humanité.

A MICHELET.

—

Philosophe profond, historien, poëte,
Michelet, ô Génie, avide d'inconnu !
La Nature, pour toi, son fidèle interprète,
Avait mis ses beautés et ses secrets à nu.

Jusqu'au delà des temps, de conquête en conquête,
Ton domaine, ô penseur profond ! s'est étendu.
Et l'avenir semblait même, pour toi, Prophète,
Avoir levé son voile, et ne s'être point tu.

A ta voix, tour à tour, mélancolique ou grave,
Des siècles écoulés répondait chaque épave,
Ruines d'où tu fis jaillir la vérité.

Oh ! va ; tu peux dormir de la vie éternelle,
Car, ainsi que ta gloire, ici-bas immortelle,
Ton œuvre ira, Génie, à la postérité !

A UNE RELIGIEUSE.

—

Quand l'Éternel créa ce chef-d'œuvre, la Femme,
Le don le plus superbe et le plus précieux
Qu'il lui fît, fut l'amour, cet enivrant dictame,
Fait des plus purs parfums que distillent les cieux.

Quand il eut allumé dans son cœur cette flamme,
Cette lueur divine, aux reflets radieux;

Que, d'aimables vertus, il eut orné son âme,
Qu'il en eut fait enfin un tout harmonieux ;

« De l'homme tu seras la compagne chérie, »
Lui dit-il ! « Sois fidèle, aime, travaille et prie ;
« Mais tu te dois surtout à la maternité ! »
C'est pourquoi je vous dis, Madame; à vous si belle,
Qu'à ces desseins sacrés vous êtes infidèle,
    En faisant vœu de chasteté !

A PÉTRARQUE.

L'amour seul t'inspira ! L'amour fut ton génie !
Et plus ton cœur souffrit, plus tu versas de pleurs ;
Plus tu bus au calice aux amères douleurs,
Plus tu mis en tes vers de charme et d'harmonie !

Tu subis de l'amour l'ardente tyrannie,
Et tu la préféras aux destins les meilleurs ;
Car Laure était si belle en ses chastes rigueurs !
Elle avait tant de grâce à ses attraits unie !

Cinq siècles ont passé ! Mais tes divins sonnets
Ont immortalisé ta sublime souffrance,
Et laissé dans nos cœurs de radieux reflets !

Car l'amant malheureux y puise l'espérance,
Et la vieillesse y trouve encore un souvenir
Que les ans ne sauraient effacer, ni ternir.

1313 Paris, Imp. Félix Malteste et Ce, r. des Deux-Portes-St-Sauveur, 22.

PARIS. — IMP. FÉLIX MALTESTE ET Cᵉ, 22, RUE DES DEUX-PORTES SAINT-SAUVEUR.

www.ingramcontent.com/pod-product-compliance
Ingram Content Group UK Ltd.
Pitfield, Milton Keynes, MK11 3LW, UK
UKHW020051080726
13614UKWH00004B/1977